SUR

LES SPECTACLES;

Quos circum limus niger et deformis arundo.

Par l'Auteur de *Podalire* et de l'*Aristenète français.*

A PARIS,

Chez LE PETIT, jeune, libraire, Palais du Tribunat, galeries de bois, N° 323.

AN X. — 1802.

FUITE DES MUSES ET DU BON GOÛT:

Peut-on compter sur leur retour?

ESSAI D'*ARISTENÈTE* sur cette importante Question.

LES Beaux-Arts sont sujets à la vicissitude. Le Czar Pierre premier, assuré qu'ils parcourent les diverses contrées, s'attendait, dit-on, à les voir un jour dans son pays. Il eut raison de l'espérer. Le soleil échauffe tantôt un climat et tantôt l'autre. Les convulsions politiques ne sont pas les seules causes de la désertion des Lettres et des Arts. Leur décadence s'opère quelquefois sans secousse et tout naturellement : ils meurent quand ils ont porté leur plus beau fruit.

Un siècle les enfante, un autre les dévore.

Peut-être en est-il de la succession de ces périodes de cent années comme d'un sol productif : il y a le tems des jachères. Les récompenses promises, que l'on pourrait comparer à des engrais, sollicitent en vain les siècles inféconds : la terre est plus obéissante (a). Les longs intervalles de tems qui séparent Homère de Virgile, et celui-ci de Milton, de l'Arioste, de Voltaire et du Tasse, sont des exemples frappans de ce sommeil *peut-être* indispensable.

Voyez les Notes à la fin.

Les grands Guerriers, les grands Poëtes, les grands Peintres semblent coûter beaucoup à la Nature. Cela est prouvé par les miracles, en tout genre, enfantés en France du tems de Louis XIV, et en Italie au tems de Léon X. Raphaël forma, dans le cours de dix années, plusieurs Peintres célèbres ; et le Poussin, en d'autres tems, ne put parvenir à faire un seul élève digne de sa gloire et de sa renommée.

Ce qui me paraît avoir le plus souffert chez nous, ce n'est pas la Peinture, puisque nous avons David, Regnault, Gérard, Vincent, Giraudet, Hue, etc., etc.

Ce n'est pas la Sculpture, puisque les ouvrages de Pajou, de Julien, de Houdon, de Dejoux, de Demeaux, charment les connaisseurs.

Ne parlons pas d'Architecture : Ctésiphon, Mansard, Perrault nous en empêchent.

Séduisante Poësie ! les siècles d'Auguste et de Louis XIV offrent des astres si brillans, que tout pâlit à leur aspect. Cependant les Géorgiques de Delille iront à la postérité : c'est *Virgile* à peu près ; mais cet à peu près assure son triomphe. Les Satires d'*Horace* par Daru (meilleures que ses Odes), ont droit à notre reconnaissance. L'*Ovide* de Saint-Ange est encore un assez beau monument. On connaît le Pindare et le Tibulle français. Passons à la Tragédie.

On aurait à citer, de nos jours, Roméo-Ducis, Chénier-Fénélon, Abel-Legouvé, Arnaud-Marius, Mercier-Agamemnon : mais puisque Voltaire est placé si loin de Racine et de Corneille par nos impitoyables Aristarques, il devient impossible de citer personne après ce grand génie.

L'art de la comédie a bien aussi quelques soutiens vivans, dont nous serions en droit de nous féliciter; mais le génie malfaisant est là, déguisé en crapaud, et qui s'enflammerait comme celui de Milton, s'il nous entendait parler d'Andrieux sans Colin, de Colin aidé d'Andrieux, de Picard tout seul.... oui, de Picard même..... après *Molière*. Je desire tout ce qui peut contribuer à notre gloire. Cependant peut-on regarder nos bons comiques et tous les rians auteurs de nos délassemens, du même œil qu'un amant regarde sa maîtresse? Elle fait le charme de sa vie; donc elle est sans défauts... mauvaise conclusion.

Je crois que, depuis quelques années, les auteurs dramatiques travaillent trop rapidement. Quelle fécondité, grand Dieu! Jadis un bon faiseur mettait un ou deux ans à composer une pièce, de nature à s'assurer un droit éternel à nos hommages. Aujourd'hui, je n'exagère pas en affirmant qu'on en joue, par année, plus de *huit cents*; ce qui suppose une facture de plus de *huit mille*; car les directeurs en agréent tout au plus une sur cent. Jugez du *caput mortuum*.

Nous sommes tellement déchus, qu'au premier jour je serai bien assez hardi, sinon de m'essayer pour le théâtre de la République, au moins pour Feydeau ou pour le grand Opéra, *Sacrarium Veneris*. Pourquoi non?

Dans la disette on a vu d'excellens compositeurs exercer leurs talens sur des poëmes plus que médiocres. Il ne faut désespérer de rien. Apollon est immortel, il a du tems à perdre.... j'invite mes confrères en médiocrité à ne pas perdre courage. Recommandons notre ame aux Orphées: espérons que la musique empêchera de siffler les paroles.

Adieu, charmant auteur de *Castor et Pollux*,
Chantre de l'Amitié, sage et parfait modèle,
Que de nos goûts légers emporta le reflux:
Va....dors, avec Quinault, dans la nuit éternelle.

Mais *Œdipe !* mais *Adrien !* mais... Tout beau ! je vous en prie ; ne cumulez pas la conjonction : laissez subsister le regret consigné dans mon quatrain funèbre. Nous n'avons jamais été aussi astreints à mettre de côté tout sentiment d'orgueil.

Quelle humeur ! me dira-t-on. Le chaos se débrouille, le jour commence à poindre : le bon goût va renaître. Le bon goût !.. je veux qu'il se donne quelques mouvemens, pour se dégager de dessous la masse de dix années de troubles ; ses efforts ne ressemblent pas à ceux d'Encélade sous l'Ethna qui l'écrase. Si le géant ne réussit qu'à se retourner et à changer de côté ; l'aimable enfant aura bien de la peine à se dégager tout à fait d'un fardeau plus pesant que des monts entassés.

Je parle d'Opéra. Mais l'Opéra n'est pas ce qu'il était jadis. Le merveilleux n'est plus son aliment ; c'est l'histoire. Aussi ce que l'on y va voir appartient-il à tous les théâtres. *Sémiramis* (*b*), par exemple, figurera bientôt tout ensemble, à la République, à l'Opéra et au Marais. A la voir ainsi fourrée partout, on croirait que le peuple ne veut rien autre chose. Hélas ! il n'a pas moins perdu la trace du beau.

Ce qu'il recherche le plus avidement, ce sont des *niaiseries* ou des *atrocités*. Il veut mourir d'effroi, ou se livrer à l'épanouissement d'un gros rire, en débridant sa large bouche. Des hommes déguisés en *Ours* ou en *Chats bottés*, des enfans et des femmes mourans sous le couteau, voilà le *Tok-alon*, le beau par excellence (*c*). Accoutumé à avoir la fibre ébranlée par l'impression de tableaux épouvantables, le peuple renonce à la jouissance des impressions douces ; il ne veut plus que Clytemnestre meure derrière la toile. Médée, doit poignarder ses fils.

Dans Racine, vous voyez reculer *épouvanté* le flot qui apporte le monstre, auteur de la mort d'Hyppolite. Le peuple ne s'épouvante pas pour si peu; Hyppolite sanglant, la mourante Aricie, voilà ce qu'il voudrait voir. Mettez le sujet *en pantomime*, vous verrez si je dis vrai. Ainsi l'on ne trouve que fadeur au doux nectar des abeilles quand on s'est habitué à mâcher du piment.

Le bon goût ne renaîtra que lorsque tant de méchans auteurs prosateurs n'auront pas la dangereuse liberté de faire figurer sur les tréteaux des hordes d'assassins et des turpitudes indignes de Taconet.

C'est la prodigieuse quantité de mauvaises pièces écrites en mauvais français qui a le plus contribué à ensevelir le bon goût et à confondre tous les genres. La prose règne, la prose étend son empire; et quelle prose! Nos perruquiers n'ayant plus rien à faire, ont volé les pièces d'autrui; ils les ont salies et déshonorées: et il s'est trouvé des directeurs assez ignorans pour acheter jusqu'à cent et deux cents de ces sortes de pièces qui en ont tué quelques-uns à-peu-près aussi vite que le poison le plus actif.

Aujourd'hui tout le monde va à la comédie. On y mène jusqu'à l'enfant qui tette! Aussi devient-on très-délicat à certains spectacles sur le choix des expressions. On l'était moins, lorsque les demoiselles de quinze ans ne paraissaient à la comédie que pour y voir *Iphigénie*, ou le petit *Joas*. Ce qui blesse aujourd'hui l'oreille des mères n'excitait de leur part aucune réclamation du tems de *Molière*. Les demoiselles gardaient la maison quand on jouait le *Cocu imaginaire*. On n'avait point à leur rendre compte de la signification d'un mot.

Cependant la gaîté, naturelle aux Français, les porte à redire et à entendre les mêmes choses que du tems de

Pocquelin; mais comme on est réfréné par les bienséances, les modernes forgerons, dépourvus de mignardise et de graces naturelles, subissent la torture. Ils se plaignent d'une gêne dont on ne peut en effet se débarrasser qu'à l'aide d'une délicatesse ingénieuse (*d*). Voilà cependant, (qui le croirait)? voilà ces grands jugeurs, modernes Cyclopes, *queis collo fistula pendet*; qui vont, armés de clefs forées, siffler l'ouvrage d'autrui, *pour faire jouer le leur*, et qui, s'ils le pouvaient, feraient ronfler du canon au parterre: car, pourvu que l'on vive, qu'importe l'existence d'autrui, la jouissance de l'homme tranquille et le progrès du bon goût!

Bombardas victum parat hic fabricando crepantes.

Ce n'est pas par ressentiment que je parle contre ces occiseurs, arbitres d'un talent sans cabale; car depuis cinquante ans que je gâte du papier, je n'en ai pas perdu une feuille dans l'espoir de braver leurs bombardes.

Au surplus, pour en revenir à la difficulté de dire avec grace, ce que l'on ne peut risquer crument, sans blesser les oreilles; disons que l'obstination que l'on apporterait à la vaincre détruirait peut-être le *vis comica*, d'autant plus que la victoire serait plus signalée. Aussi croyons-nous qu'il y a des spectacles d'un genre à ne pas convenir aux femmes même. *Lisistrata* mise à la scène par un homme d'un talent reconnu, y serait restée telle qu'il nous l'offrait, et nous irions nous divertir aujourd'hui à ce spectacle très-comique, s'il n'avait été permis qu'aux hommes d'y entrer.

Chez les Romains, le sexe caché au spectacle, n'y était pas censé présent. Nous portons la peine de notre galanterie. Nos salles de spectacle n'ont d'intérêt pour nous qu'autant qu'on y voit un grand nombre de femmes.

Ecrivons donc de manière à ne pas les mettre en fuite par le choix du sujet ou par les expressions.

J'aurais encore beaucoup à dire sur cette matière. Il ne faut que réfléchir pour voir qu'il y aurait de quoi faire un volume. Si je coupe court, c'est que, lorsque j'écris pour un Journal, je me figure vingt personnes autour de moi, semblables à autant de convives empressés d'occuper chacun sa place à une table trop étroite. J'ai d'ailleurs présent à l'esprit le rédacteur lui-même, bourreau toujours prêt à mettre de côté l'écrivain qui lui conteste le droit de le comprimer dans les colonnes de sa feuille comme dans la mâchoire d'un étaux.

Condamné à cette espèce d'étranglement, je m'exécute à mon ordinaire. Je ne puis cependant avoir avancé que le bon goût s'est éloigné de nous, sans appeler l'attention sur l'un des plus frappans épouvantails qui l'ont mis en fuite. On dira, si l'on veut de tout ceci : *unus et alter assuitur pannus.* Peu m'importe : ce lambeau est nécessaire.

Une des choses qui nous paraissent avoir le plus contribué à la désertion du bon goût et à l'impatronisation du mauvais, c'est *le haut prix des places* aux grands théâtres. Ce n'est plus le tems où l'on disait :

« Un clerc, pour *quinze sols*, etc.

J'ai suivi le spectacle de la comédie française, pour *vingt sols*, pendant *trente ans*. Les étudians et les clercs, (qui étaient les bons juges), pouvaient faire cette dépense : aussi n'avaient-ils alors sous les yeux que d'excellens modèles, et ne se montraient-ils tentés que du desir de s'immortaliser par des ouvrages du même genre. Demandez à mon vieux camarade *Ducis*, si son Apollon n'est pas venu cent fois le saisir, tandis qu'il était debout au parterre comme un pion sur un échiquier. Demandez-lui ce que l'on respirait d'enthousiasme au café *Procope*, en prenant du café pour six blancs; et de quel œil le Génie qui fréquentait ce temple des Oracles, envisageait ces jeunes hommes, adorateurs assidus de Corneille et de Racine. On exige d'eux *par delà leurs facultés*: on a voulu les asseoir en payant; et cette politesse mal entendue les a mis à la porte. Faut-il donc un sopha au jeune homme qui va voir Cinna ou Athalie? Mais, me dira-t-on, les gens âgés! — Les gens âgés ne font point de pièces de théâtre: réservez-leur quelques banquettes, mais favorisez le jeune homme qui respire le feu du talent, et se grandit d'un pié, quand il voit à la scène ce que le jeu d'un grand acteur pourrait un jour ajouter à sa gloire. La disproportion de la taille n'y fait rien. J'ai vu des géans, très-polis, faire passer jadis tous les nains devant eux, et les spectateurs *silencieux* gradués comme les cierges à ténèbres.

Comme l'amour du spectacle fait partie des goûts de la jeunesse, elle va aujourd'hui porter ailleurs ce qu'elle peut sacrifier à ce genre de plaisir. On la voit en foule dans les salles dont le prix modéré n'interdit par l'accès. *Prenez garde maintenant à ce qui en résulte.*

Là on voit des pièces moins soignées, rapidement écrites, et dont les auteurs ont obtenu la représentation *lucrative*, sans avoir attendu des années... Alors mes jeunes gens perdent le sentiment du beau, du parfait. Vous n'en voyez pas un qui ne se croye assez de talent pour composer des pièces pareilles à celles dont il est spectateur. On s'essaye, on réussit. O malheur! Un premier succès entraîne à la fois le funeste appétit d'un salaire immérité, le renoncement à un travail opiniâtre, et l'abnégation de la gloire.

Ainsi le bon goût se déprave, et ce mal (résultant du surhaussement du prix des places) n'attaque pas seulement la jeunesse : on en voit atteints tous les citoyens dont la fortune a souffert. Les théâtres de pur amusement, où l'on exige moins du spectateur, sont le seul asyle où il leur soit possible de pénétrer ; ils s'y réfugient. On s'amuse où l'on peut. Tel qui n'a pas deux francs vingt centimes pour s'enivrer du plaisir de voir Lafond faisant le rôle d'Achille, Talma dans les fureurs d'Oreste, Raucourt dans Clytemnestre, Fleury dans Andromaque, Iphigénie ou Chimène, va badauder pour rien sous les tréteaux en plein air de Paillasse et de Polichinel ; ou voir, pour douze sols, les Rois et les Reines du théâtre SANS PRÉTENTION.

Je ne pense pas que personne me sache mauvais gré d'une observation aussi judicieuse et aussi *importante*, puisqu'elle embrasse tout ensemble et l'intérêt de l'art et celui de ses *soutiens* gémissans. On a taxé des billets jusqu'à *vingt-quatre francs*, sans penser que c'était exclure du spectacle les talens qui ne sont jamais riches. Est-ce Turcaret qui ira juger du mérite de nos ouvrages dramatiques ? Est-ce Midas qui prononcera dans nos journaux sur le talent des acteurs ?

Console-toi, me dit ces jours derniers mon ami Corœbus ; les pauvres diables, qui ont soif du beau, n'en seront pas toujours privés. Le BON GOÛT se sauvera du naufrage ; une voix s'est fait entendre contre ses ennemis déchaînés. Mon oreille a été frappée de la consolante expression de l'immortel *Quos ego*,...... accompagné de la réflexion :
Sed motos præstat componere fluctus.

ARISTÉNÈTE.

NOTES.

(*a*) Le système des *jachères* perd de sa force de jour en jour ; il est prouvé aujourd'hui qu'en confiant successivement à la terre des graines de *différentes* espèces, elle répond constamment au vœu de l'agriculteur.

(*b*) » Depuis quelque tems on met l'HISTOIRE en *Drame*. Je
» n'examinerai point quelle peut être *(sous le rapport de l'art)* cette
» nouvelle direction, qui confond les genres et qui imprime aux
» récits les plus véridiques les formes romanesques. »

Décade. CH.

(*c*) Dans le *Chat-Botté* le jeune *Foignet* attire et mérite l'attention, par la manière dont il remplit un rôle si varié, que c'est une espèce de Protée. Les auteurs de ces inventions ont *fait preuve* d'un meilleur goût, mais ils ont reconnu la nécessité de laisser dormir la Sagesse tant que l'Extravagance restera éveillée. On favorise la ridicule avidité du moment, et l'on en rit sous cape. Où Midas va se laver, on doit trouver de l'or, et l'on court au Pactole. Les directeurs proscrivent les Graces en gémissant, mais le profit les console.

(*d*) Les *Courtisanes*, ancienne comédie de *Palissot*, peuvent être considérées comme un modèle de délicatesse en fait d'expressions. Mais comme il est difficile d'atteindre à cette perfection, l'on se consacre à l'invraisemblance, aux grotesques, aux caricatures ;

Et quand il en parait on entend les *bravo !*

Admirateurs déhontés de vos propres inepties ! que des scènes agréablement instructives remplacent ces licentieuses extravagances ! Que le *mirandum* et le *terribile*, résultans de l'apparition de vos revenans et de vos assassins, cessent d'être regardés chez nous comme un mal endémique ! Ne dégoûtez plus le peuple des utiles impressions du vrai ou du vraisemblable. Ne sifflez plus surtout, ou sifflez-vous vous-mêmes : autrement le Rominagrobis-Aristarque, dont je parlais ces jours derniers, pourrait vous entrevoir *en masse*, et ne pas se contenter de vous chatouiller comme je le fais ici.

RÉFLEXIONS DE MARMONTEL

SUR LE MÊME SUJET (*).

La *Farce* est une espèce de comique grossier, où toutes les règles de la bienséance, de la vraisemblance et du bon sens sont également violées. L'absurde et l'obscène sont à la *farce* ce que le ridicule est à la comédie.

Or on demande s'il est bon que ce genre de spectacle ait, dans un Etat bien policé, des théâtres réguliers et décens. Ceux qui protégent la *farce*, en donnent pour raison que, puisqu'on y va, on s'y amuse; que tout le monde n'est pas en état de goûter le bon comique, et qu'il faut laisser au public le choix de ses amusemens.

Que l'on s'amuse au spectacle de la *farce*, c'est un fait qu'on ne peut nier. Le peuple romain désertait le théâtre de Térence pour courir aux bâteleurs; et, de nos jours, *Mérope* et *le Méchant*, dans leur nouveauté, ont à peine attiré la multitude pendant deux mois, tandis que la *farce* la plus grossière a soutenu son spectacle pendant deux saisons entières.

Il est donc certain que la partie du public, dont le goût est invariablement décidé pour le vrai, l'utile et le beau, n'a fait dans tous les tems que le très-petit

---

(*) Extrait du Journal de Paris, N° 214.

nombre, et que la foule se décide pour l'extravagant, et l'absurde ; ainsi, loin de disputer à la *farce* les succès dont elle jouit, j'ajouterai que dès qu'on aime ce spectacle, on n'aime plus que celui-là, et qu'il serait aussi surprenant qu'un homme qui fait habituellement ses délices de ces grossières absurdités, fût vivement touché des beautés du Misantrope et d'Athalie, qu'il le serait de voir un homme, nourri dans la débauche, se plaire à la société des honnêtes femmes.

On va, dit-on, se délasser à la *farce*, un spectacle raisonnable applique et fatigue l'esprit ; la *farce* amuse, fait rire, et n'occupe point ; oui, je conviens qu'il est des esprits qu'une chaîne régulière d'idées et de sentimens doit fatiguer. L'esprit a son libertinage et son désordre ; il doit se plaire naturellement où il est le plus à son aise, et le plaisir machinal et grossier qu'il y prend sans réflexion, émousse en lui le goût des choses simples et décentes. On perd l'habitude de réfléchir, comme celle de marcher, et l'ame s'engourdit et s'énerve comme le corps, dans une stupide indolence. La *farce* n'exerce ni le goût ni la raison : de-là vient qu'elle plaît à des ames paresseuses ; et c'est, pour cela même, que ce spectacle est pernicieux ; s'il n'avait rien d'attrayant, il ne serait que mauvais.

Mais qu'importe, dit-on encore, que le public ait raison de s'amuser ? ne suffit-il pas qu'il s'amuse ? c'est ainsi que tranchent sur tout ceux qui n'ont réfléchi sur rien. C'est comme si on disait : qu'importe la qualité des alimens dont on nourrit un enfant, pourvu qu'il mange avec plaisir ? Le public comprend trois classes : le bas peuple, dont le goût et l'esprit ne sont point cultivés, et n'ont pas besoin de l'être, mais qui, dans ses mœurs, n'est déjà que trop corrompu et n'a pas besoin de l'être encore par la licence des spectacles; le monde honnête et poli, qui joint à la décence des mœurs une intelligence épurée et un sentiment délicat des bonnes choses, mais qui lui-même n'a que trop de pente pour des plaisirs avilissans; l'état mitoyen, plus étendu qu'on ne pense, qui tâche de s'approcher, par vanité, de la classe des honnêtes gens, mais qui est entraîné vers le bas peuple par une pente naturelle. Il s'agit sur-tout de savoir de quel côté il est le plus avantageux de décider cette classe moyenne et mixte. Sous les tyrans, la question n'est pas douteuse; il est de la politique de rapprocher l'homme des bêtes, puisque leur condition doit être la même, et qu'elle exige également une patiente stupidité; mais dans une constitution de choses fondées sur la justice et la raison, pourquoi craindre d'étendre les lumières et d'ennoblir les sentimens d'une multitude de citoyens, dont la profession même exige le plus souvent des vues nobles, des sentimens honnêtes, un esprit cultivé ? On n'a donc nul intérêt politique à entretenir dans cette classe du public l'amour dépravé des mauvaises choses.

La *farce* est le spectacle de la grossière populace, et c'est un plaisir qu'il faut lui laisser, mais dans la forme qui lui convient, c'est-à-dire, avec une grossiéreté *innocente*, des tréteaux pour théâtre, et pour salles des carrefours; par-là, il se trouve à la bienséance des seuls spectateurs qu'il convienne d'y attirer. Lui donner des salles décentes et une forme régulière, l'orner de musique, de danses, de décorations agréables, et y souffrir des mœurs *obscènes et dépravées*, c'est dorer les bords de la coupe où le public va boire le poison du vice et du mauvais goût. Admettre la *farce* sur nos théâtres; en faire le spectacle de prédilection, de faveur, de magnificence, c'est afficher le projet ouvert d'avilir, de corrompre, d'abrutir une nation. — Mais ce sont les spectacles qui rapportent le plus. — Ils rapporteront davantage, s'ils sont plus indécens encore. Et avec ce calcul, que ne verrait-on pas introduire et autoriser ?

www.ingramcontent.com/pod-product-compliance
Lightning Source LLC
Chambersburg PA
CBHW061616040426
42450CB00010B/2516